ALPHABET

RÉCRÉATIF.

PARIS.
ALPHONSE DESESSERTS, ÉDITEUR
DE LA LIBRAIRIE A ILLUSTRATIONS POUR LA JEUNESSE.

ABÉCÉDAIRE ILLUSTRÉ.

LETTRES MAJUSCULES.

A B C D E F
G H I J K L
M N O P Q R
S T U V W X
Y Z Æ OE

MINUSCULES ORDINAIRES.

a b c d e f g h
i j k l m n o p
q r s t u v w x
y z æ œ etc.

ALPHABET MÊLÉ.

MAJUSCULES.

F H B U G Y A R
C V E X M W N K P
J O Z Q I S L T

MINUSCULES.

p k n r m e b u j d g s z
q l h c w a i f x o t y v

VOYELLES.

a e i o u y

VOYELLES ACCENTUÉES.

é   à è ù   â ê î ô û   ë ï ü

aigu.   graves.   circonflexes.   trémas.

CONSONNES.

b c d f g h j k l m n p

q r s t v x z

LETTRES DOUBLES.

æ œ ff fi ffi fl ffl w

EXERCICES D'ÉPELLATION.

SYLLABES FORMÉES DE DEUX LETTRES.

ba be bi bo bu   ca ce ci co cu
da de di do du   fa fe fi fo fu
ga ge gi go gu   ha he hi ho hu
ja je ji jo ju   ka ke ki ko ku
la le li lo lu   ma me mi mo mu
na ne ni no nu   pa pe pi po pu
ra re ri ro ru   sa se si so su
ta te ti to tu   va ve vi vo vu
wa we wi wo wu   ya ye yi yo yu
     za ze zi zo zu zy

ab ac ad af ag al ar ec ef el es
id if il ir ob oc of or os ul ur

CHIFFRES ARABES.	CHIFFRES ROMAINS.
1 Un.	I
2 Deux.	II
3 Trois.	III
4 Quatre.	IV
5 Cinq.	V
6 Six.	VI
7 Sept.	VII
8 Huit.	VIII
9 Neuf.	IX
10 Dix.	X
50 Cinquante.	L
100 Cent.	C
500 Cinq cents.	D
1000 Mille.	M

A

 |

ices'estfaitune | Annette et Suzon
lie couronne. | vont à la ville.

 |

Arthur va partir | Anna lit, et Jenny
ur la guerre. | joue au cerceau.

B

Bathilde, tu te balances trop fort **Berthe, vien[s] jouer, je t'en prie[.]**

Bosquet plein de fraîcheur. **Bonne mère, a[c]cepte ces fleurs.**

C

Camille a cinq ns, et sait lire.

Charles joue de la vielle.

omme ma sœur ante bien.

Célestin vient de faire un fagot.

D

Dis-moi, ma sœur, es-tu fatiguée?

Doucement, car tu l'effrayerais.

Donne-moi une place près de toi.

Désiré, fais le signe de la croix.

E

Emile et Alphonine se balancent.

Edmond, as-tu vu ce cheval?

Emma, en avant, marche.

Eugène écrit une lettre.

F

Félix, prends garde de tomber.

Faut-il vous punir?

Frère, montre-moi les gravures.

Félicité est une paresseuse.

G

Gaston, vois ce joli cygne.

Georgina étudie la géographie.

Gustave, veux-tu te promener ?

Gertrude porte le petit Édouard.

H

Herminie, vois ces jolies fleurs.

I

Il me faut bien du courage.

Henriette vient puiser de l'eau.

Irène, fais-moi déjeuner.

J

Jules, veuillez porter cette lettre.

K

Kiosque entouré de fleurs.

Jeannette rafraîchit ses fleurs.

Karnida, parlez de vos enfants.

L

Lucie et Sophie font l'aumône.

Léon n'est pas aussi fort que moi.

L'enfant sage est récompensé.

Louis appelle son frère.

M

Marie se repose à l'ombre.

Monsieur, où donc est maman?

Max, ce livre est pareil au tien.

Mina porte des fruits à un pauvre.

N

Napoléon consolant un invalide.

Nina a su apprivoiser son oiseau.

Ne trouves-tu pas que je lise bien?

Nicolas est un pauvre aveugle.

O

 |

Où faudra-t-il porter ces fleurs? | Oscar a reçu une jolie brouette.

 |

Oh! que j'ai peur de tomber! | O mon Dieu, faites que je sois sage

P

Paul, regarde si tu vois Ernest. **Pepita arrose son jardin.**

Petit frère, ne fais pas de bruit. **Prions pour ma petite mère.**

Q

Que faut-il faire de ce coq ?

R

René a fait une bonne chasse.

Qu'il fait donc froid, Michel !

Raoul a peur d'un serpent.

S

Sidonie, veux-tu venir sous l'allée?

Sainte Vierge, exaucez-nous.

Si je ne savais pas ma leçon!

Si tu tires, tu me feras tomber.

T

Thérèse, veux-tu jouer aux soldats ?

Théodore, vous m'avez désobéi.

Tristement, je fais faction.

Tiens, Azor, attrape.

U

V

**Un pauvre don-
neur d'eau bénite.**

**Victorine aime
le raisin.**

**Une jolie petite
dînette.**

**Vivent les plaisirs
de la campagne!**

W

Waldi est le nom de cet éléphant.

X

Xavier pense à sa tendre mère.

William, tu te fâches?

X, c'est une lettre bien difficile.

Y   Z

Yelva porte du lait.

Zélie est une enfant studieuse.

Y a t-il du monde là bas, père ?

Votre zèle est récompensé.

Pauvre petite, tu n'as pas mangé depuis hier! prends cette pièce de cinq sous, c'est tout ce que je possède. Et moi, je n'ai pas d'argent, ma sœur, mais je vais lui donner le bon gâteau que je devais partager avec mes amis. Caroline et Henry sont deux enfants charitables, le bon Dieu les protégera.

Bonjour, mon bon père, as-tu fait une bonne promenade?—Oui, ma gentille Marguerite; j'ai appris que tu avais bien lu ce matin, aussi vais-je te donner un joli livre orné de gravures.—Et moi, papa? demanda Emma qui n'avait pas quitté un seul instant sa poupée?—Tant que ma fille ne sera pas plus polie, son bon père ne pensera pas à elle.

Alice était aux Tuileries avec sa bonne; tout à coup elle lui quitta la main et courut se cacher dans une allée couverte. Venez, ma petite, lui dit une vieille femme, je vais vous mener dans un endroit où l'on ne pourra vous trouver. En disant ces mots, elle l'entraîna bien loin, lui ôta sa jolie robe brodée et son petit chapeau, puis la laissa tout en pleurs!...

Quel plaisir d'aller en vendanges! mais aussi nous avons tous été bien sages pendant un grand mois. Moi, je n'ai pas désobéi une seule fois, dit Léontine. Et moi donc! ajouta Arthur, j'ai prêté tous mes joujoux sans murmurer; il n'y a que cette pauvre Estelle qui n'a pas voulu manger sa soupe ce matin et que maman a fait rester à la maison.

Merci, ma bien bonne petite demoiselle; vous nous avez sauvé la vie; nous n'avions plus aucun espoir, et le bon Dieu m'a inspiré de venir à vous. Que le ciel vous protége et vous donne tout le bonheur que vous méritez.

Mon bon père, permets-nous à Edmond et à moi de joindre nos petites économies à celles de ma sœur, pour secourir cette pauvre famille.

TABLE DE MULTIPLICATION.

1	2	3	4	5	6	7	8	9
2	4	6	8	10	12	14	16	18
3	6	9	12	15	18	21	24	27
4	8	12	16	20	24	28	32	36
5	10	15	20	25	30	35	40	45
6	12	18	24	30	36	42	48	54
7	14	21	28	35	42	49	56	63
8	16	24	32	40	48	56	64	72
9	18	27	36	45	54	63	72	81

Paris. — Typ. de Mme Ve Dondey-Dupré, rue Saint-Louis, 46, au Marais.

www.ingramcontent.com/pod-product-compliance
Lightning Source LLC
Chambersburg PA
CBHW060911050426
42453CB00010B/1658